LA
VOGUE
ÉLÉGANTE

LA VOGUE ÉLÉGANTE

Paraîtra périodiquement quatre fois par an

PAR ALBUM DE CINQ TÊTES

1ᵉʳ NOVEMBRE, 1ᵉʳ FÉVRIER, 1ᵉʳ MAI ET 1ᵉʳ AOUT.

PRIX DE L'ABONNEMENT POUR PARIS ET LES DÉPARTEMENTS :

Étant obligé à un tirage plus considérable, nous réduisons dès à présent les prix et nous les fixons :

Un an (quatre albums reliés, formant à la fin de l'année
un beau volume de vingt têtes). . . . . **50** fr.

Six mois (dix têtes) **30**

Trois mois (cinq têtes). **15**

Pour l'étranger, 6 francs en plus pour le port.

ADRESSER LES DEMANDES

A M. CHARLES THOMASSET,

17, rue de la Paix, à Paris,

Auteur de *la Vogue Élégante* (affranchir).

Paris. — Imprimerie de Ad. R. Laine et J. Havard, rue des Saints-Pères, 19.

NOTICE

L'art de la coiffure des dames, qui a joué de tout temps un si grand rôle, n'a pas dégénéré de nos jours; il se distingue, au contraire, par son cachet de bon goût et de suprême distinction.

Je crois donc utile, à une époque qui s'inspire des plus délicates séductions de l'art moderne, de publier une œuvre qui marquera, je l'espère, un progrès de plus, si les dames, sous le patronage desquelles je le place, veulent bien l'accueillir avec faveur.

Cet Album, organe spécial, dessiné et lithographié d'après nature, doit servir de modèle pour se faire coiffer : il a mission de faire connaître les inspirations nouvelles et heureuses dont se saisit la mode quand le succès les a couronnées.

Ce ne sera pas la première fois qu'on aura songé à répandre la reproduction charmante qui contribue à embellir la plus belle et la plus riche parure de la femme; mais : *l'Art de la coiffure des dames françaises*, publié en 1769, par le célèbre Legros, n'était qu'une dissertation longue et diffuse qui manqua son but.

Parler aux yeux me paraît un meilleur système. Mes portraits sont pris sur la nature, dans toute son harmonie d'effets. Ces coiffures se sont animées sous mes doigts, elles se sont inspirées des traits dont un crayon habile reproduit l'expression.

La pensée de ce travail a été conçue par un homme dont la compétence peut être justifiée par le poste qu'il a longtemps occupé, avec succès, auprès d'une de nos grandes cours de l'Europe.

Quelques explications accompagnent chaque lithographie : elles suffisent à faire connaître le travail et le mécanisme des coiffures, et peuvent guider sûrement la main qui devra les reproduire.

CHARLES **THOMASSET**,

EX-COIFFEUR DE LA COUR DE RUSSIE.

L'ORIENTALE

**Coiffure de grand dîner officiel, concert ou théâtre
à la Cour.**

Pour cette coiffure, tous les cheveux de devant sont
frisés ; — chaque boucle est relevée en racine tournante.
— Les perles doivent être assez grosses et passer dans
chaque boucle. — Le bout de ces boucles doit se dis-
poser de manière à tomber libre et légèrement frisé
dessus et dessous la coiffure de derrière, qui est com-
posée d'un gros tourné très-peu retenu.

Les perles doivent accompagner toute la coiffure et
tomber plus bas que les boucles.

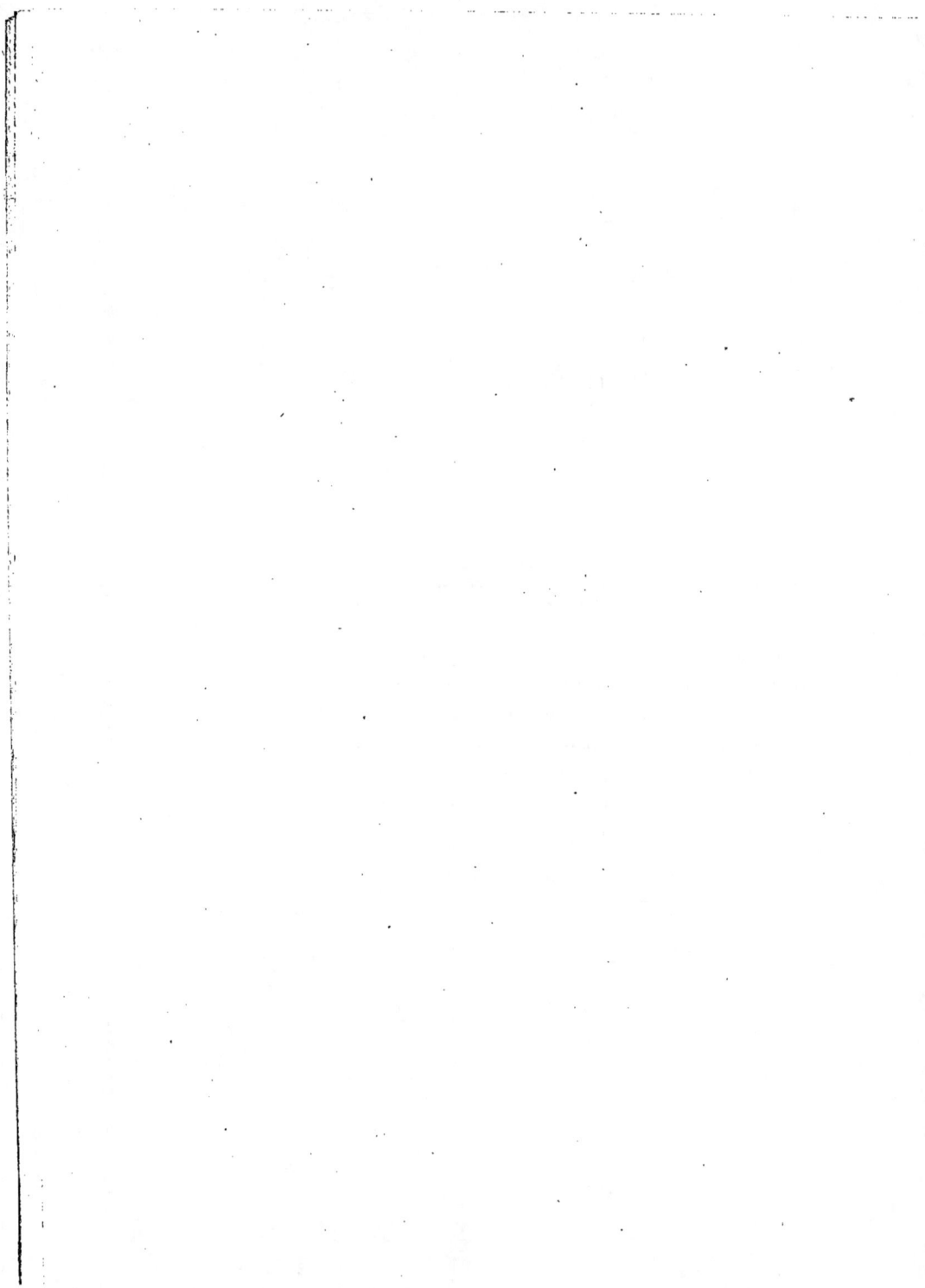

FLEUR D'AUTOMNE

Coiffure pour toilette de soirée dansante.

Les cheveux de devant forment trois boucles retournées. — Celle d'en haut enveloppe le courant de la guirlande, qui doit être nu. — De chaque côté, deux boucles brisées entourent la grosse fleur du milieu. — La
guirlande sort des cheveux de devant et passe dans ceux
de derrière.

La coiffure de derrière se compose d'un nœud fait en
deux parties et tombant très-bas en chignon.

LE COLIBRI

**Cette coiffure convient à une grande toilette,
pour bal, rout, etc.**

Les tempes, jusqu'à l'échancrure, — coiffées à la chinoise; — à partir du sommet de la tête, faire des nattes qui se posent à plat et vont se perdre sur la coiffure de derrière. — Sur le haut du front, les cheveux sont coiffés en papillon.

L'ornement ne doit être posé que d'un côté. — Le dessin de la tête doit être fait (de l'autre côté) avec les cheveux.

Derrière, les cheveux sont nattés et posés très-bas, en partant d'assez haut pour éviter la cassure.

L'oiseau se place s'abattant sur le raisin.

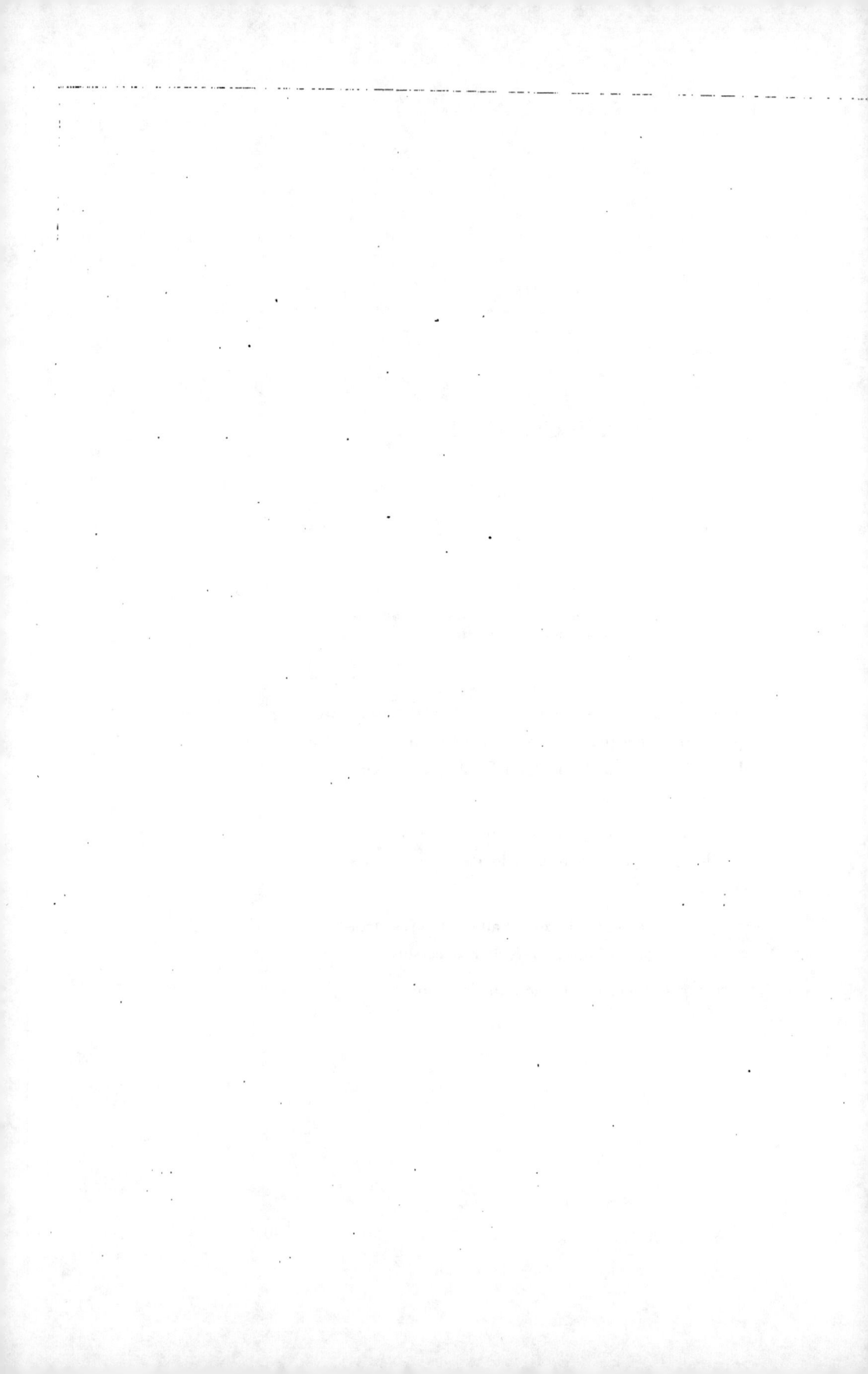

FANTAISIE LOUIS XIV

**Une robe demi-montante et garnie de rubans
convient pour cette coiffure.**

Les cheveux coiffés à la Louis XIV petit costume. —
Ne pas faire tomber les boucles plus bas que le haut de
l'oreille; — faire une boucle d'encadrement, qui doit
être retournée et fuyante.

Derrière, coiffure basse et partant de haut.

Flots de rubans assortis à la garniture de la robe.

V

LA DUCHESSE

Coiffure pour une très-jeune personne.

Cette coiffure est très-parée pour une jeune personne,
à qui les ornements ne sont pas permis, et peut aussi
être de grande parure pour dame, en ajoutant dans les
coques, des bouquets de diamants pour grand bal, ou
des bouquets de fleurs pour soirée.

Les cheveux de devant forment deux coques, l'une en
racine droite, l'autre baissée. — Une corde de cheveux
doit entourer le sommet de la tête, et passer dans plusieurs boucles, qui ne sont retenues que par cette corde
et vont accompagner le chignon.

VI

FANTAISIE LOUIS XV

—————

Coiffure de grande toilette.

Exécution. — Devant, racines droites en deux rouleaux très-légers. — Sur les tempes, un tapé plat, pointes en dehors. — Derrière, un double chignon. — Toute la coiffure en cheveux doit être poudrée sans avoir mis un fond de poudre.

Ornement. — Un pouf surmonté d'une aigrette.

Cette coiffure peut se porter avec costume de l'époque ou toilette nouvelle.

DIANE

Coiffure de grand bal.

EXÉCUTION. — Sur le front, les cheveux sont baissés en bouffants. — Derrière l'oreille jusqu'à l'échancrure, les cheveux sont coiffés en une seule coque montante et ondulée qui ferme le haut de la coque. — Derrière, natte et boucles partant d'assez haut et tombant très-bas.

ORNEMENT. — Un diadème de fleurs faites avec les yeux de plumes de paon.

VIII

LA SULTANE ·

Coiffure orientale pour costume.

EXÉCUTION. — Les cheveux, pris en deux parties par devant, joignent la coiffure de derrière. — Le turban est fait sur la tête. — On peut le faire en crêpe lisse lamé, ou en cachemire.

ORNEMENT. — Des perles suivent le caprice du turban, le quittent pour passer dans les nattes. — Le rang de perles qui tombe doit être maintenu de chaque côté de manière qu'il ne forme pas collier.

Le bout de l'étoffe qui forme le turban doit tomber sur l'épaule et venir se perdre sur la hanche opposée.

LA TSIGANE

Coiffure de costume.

EXÉCUTION. — Cheveux ondulés en coques très-bouffantes, — fermer la coque avec une natte qui tombe sur l'oreille.

ORNEMENT. — Entourer de sequins toute la coiffure. — Derrière, un flot de rubans de plusieurs nuances. — De chaque côté partent deux rubans différents en nuances tordus ensemble, entourés de perles de couleurs, et de sequins; le tout vient se joindre à la naissance du corsage.

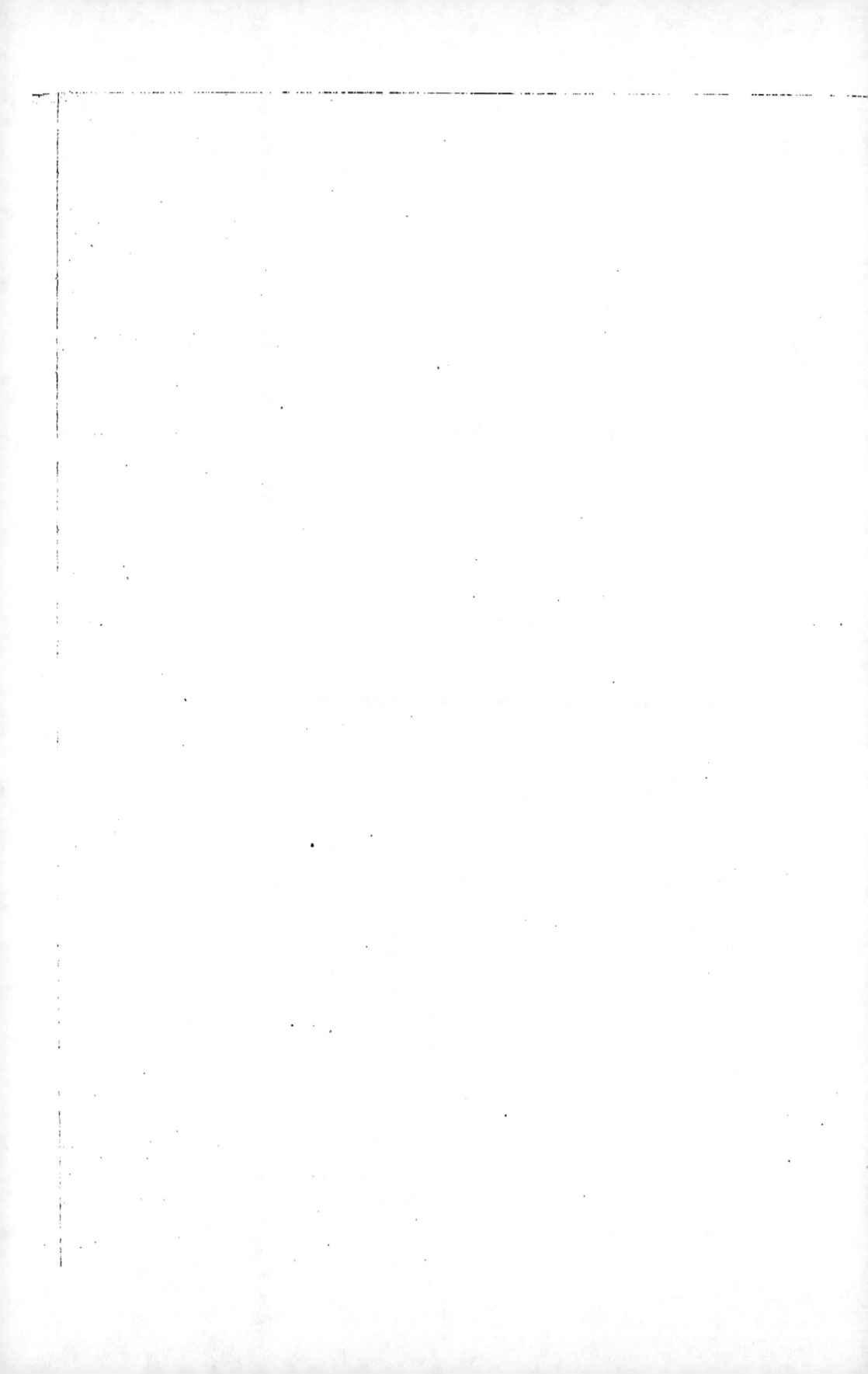

X

REINE DES SALONS

Coiffure de bal.

Exécution. — Tous les cheveux de devant sont frisés en boucles légères et retournées. — Derrière, la coiffure est assez basse et doit se trouver couverte en partie par les boucles.

Ornement. — De gros boutons de fleurs sont placés dans les boucles.

GÉNOVA

Coiffure pour grand bal

Exécution. — Sur les tempes, les cheveux forment une natte retournée; — on réserve deux boucles que l'on coiffe après la guirlande posée.

Ornement. — Une guirlande formant diadème devant, et touffe tombant derrière.

1863

FUGITIVE

Coiffure pour soirée aux eaux.

Exécution. — Cheveux à la chinoise sur les tempes. — Sur le front, des boucles fuyantes et retournées allant passer dans le nœud à la Niobée et tombant sur les épaules.

XIII

LE PREMIER PAS

Coiffure de bal pour jeune personne.

Exécution. — Les cheveux de devant sont coiffés à la Louis XV, racines inclinées, passant sur l'oreille, l'accompagnant par derrière et rejoignant le chignon qui forme une corne d'abondance.

Ornement. — Guirlande de roses sans feuilles. — D'un côté plumes de corbeau et marabouts.

1363

XIV

LE SOUVENIR

Coiffure de soirée pour toilette blanche.

EXÉCUTION. — Tous les cheveux de devant frisent en avant. — Sur le sommet ils frisent en arrière et sont retenus par une corde de cheveux qui passe dans les boucles.

1363

HERMINIA

Coiffure d'appartement.

EXÉCUTION. — Les cheveux sont disposés en trois parties, et forment une natte à trois branches. — Derrière, les cheveux sont noués assez haut, et sont coiffés en corde, ils ne sont retenus que sur le lien.

ORNEMENT. — Étoffe algérienne et cachemire blanc, formant un toquet à la Murillo.

1863

La Vogue Elegante

Coiffure de Charles

17 RUE DE LA PAIX

N° 1   1862

La Vogue Élégante

Coiffure de Charles

17. RUE DE LA PAIX.

Imp. Lemercier et Cie Jeune St Paris

1862

La Vogue Élégante

Coiffure de Charles

17 RUE DE LA PAIX

1862

La Vogue Élégante

Coiffure de Charles

17, RUE DE LA PAIX.

Imp Lemercier, r de Seine 57 Paris

1862.

La Vogue Élégante

Coiffure de Charles

17 RUE DE LA PAIX

Imp. Lemercier & Cie à Paris

LÉON NOËL

La Vogue Élégante

Coiffure de Charles

17. RUE DE LA PAIX.

Imp Lemercier r de Seine. 57. Paris.

1863.

La Vogue Élégante

Coiffure de Charles

17, RUE DE LA PAIX .

Imp. Lemercier, r. de Seine 57 Paris

1863 .

LÉON NOËL

La Vogue Élégante

Coiffure de Charles

17. RUE DE LA PAIX.

Imp. Lemercier & Seine 57 Paris.

La Vogue Élégante

Coiffure de Charles

17, RUE DE LA PAIX.

N.º 9.

Imp. Lemercier r. de Seine 57 Paris.

1863.

La Vogue Elégante

Coiffure de Charles

17. RUE DE LA PAIX.

N° 10.   Imp Lemercier r. de Seine 57 Paris.   1863

La Vogue Élégante

Coiffure de Charles.

17, RUE DE LA PAIX.

La Vogue Élégante

Coiffure de Charles

17. RUE DE LA PAIX.

N.º 12.

Imp. Lemercier de Seine. 9p. Paris.

1863.

La Vogue Élégante

Coiffure de Charles

17, RUE DE LA PAIX.

Imp. Lemercier r de Seine 57 Paris.

DÉPOT LÉGAL
Seine

LÉON NOËL

La Vogue Élégante

Coiffure de Charles

17, RUE DE LA PAIX.

Imp.Lemercier,r.de Seine 57 Paris.

1863

1863

La Vogue Élégante

Coiffure de Charles

17, RUE DE LA PAIX.

Imp Lemercier r de Seine 57 Paris

1863.

www.ingramcontent.com/pod-product-compliance
Lightning Source LLC
LaVergne TN
LVHW021731080426
835510LV00010B/1203